MOLIÈRE

LE SICILIEN

PARIS
Librairie E. Flammarion
M DCCC XCII

LES PIÈCES DE MOLIÈRE

LE SICILIEN

OU

L'AMOUR PEINTRE

TIRAGE A PETIT NOMBRE

Il a été tiré en outre :

20 exemplaires sur papier du Japon, avec triple épreuve de la gravure (n°s 1 à 20).
25 exemplaires sur papier de Chine fort, avec double épreuve de la gravure (n°s 21 à 45).
25 exemplaires sur papier Whatman, avec double épreuve de la gravure (n°s 46 à 70).

70 exemplaires, numérotés.

LE SICILIEN
(Scène XII)

MOLIÈRE

LE SICILIEN

OU

L'AMOUR PEINTRE

COMÉDIE EN UN ACTE

AVEC UNE NOTICE ET DES NOTES

PAR

GEORGES MONVAL

Dessin de L. Leloir

GRAVÉ A L'EAU-FORTE PAR CHAMPOLLION

PARIS

LIBRAIRIE DES BIBLIOPHILES

E. FLAMMARION SUCCESSEUR

Rue Racine, 26, près de l'Odéon

M DCCC XCII

NOTICE

SUR *LE SICILIEN*

A LA *fin de janvier* 1667, *le* BALLET DES MUSES *n'avait que treize entrées, la dernière ayant pour objet la métamorphose des Piérides en oiseaux.*

La cour à Saint-Germain avait vu défiler successivement des Grecs, des Indiens, des Espagnols, des Basques, des Romains, des Sauvages, et même des Français.

« *Après tant de nations différentes que les Muses ont fait paraître dans les assemblages divers dont elles avaient composé le divertissement qu'elles donnent au Roi, il manquait à faire voir des Turcs et des Maures.* » *C'est ainsi que s'exprime le rédacteur du livret officiel au moment où Molière, toujours* « *pour donner lieu aux beautés de la musique et de la danse* », *reçoit l'ordre de mêler à une quatorzième et dernière entrée une petite comédie à six personnages, qui n'est autre que* LE SICILIEN, OU L'AMOUR PEINTRE.

Il faut des Turcs et des esclaves : il choisira pour cadre la Sicile, dont le ciel, moitié grec, moitié africain, lui a déjà porté bonheur avec L'ÉTOURDI *et* LE FESTIN DE PIERRE. *La scène est à Messine, sur une place publique, lieu propre aux sérénades et aux ruses d'amour.*

Ce qui nous charme aujourd'hui dans cette gracieuse comédie, le premier de nos opéras-comiques, ce n'est plus le duel de la jeunesse et de la jalousie, renouvelé de L'ÉCOLE DES MARIS *et que Beaumarchais reprendra plus tard avec bonheur :* LE BARBIER DE SÉVILLE *nous a rendus difficiles pour* LE SICILIEN, *dont l'action nous paraît trop simple. Mais la forme a sauvé le fond : ce qui subsiste, et ce qui durera, c'est ce style, encore inconnu, qui donne à* L'AMOUR PEINTRE *une place à part dans l'œuvre de Molière.*

Quoique pressé par le temps, il pouvait écrire sa pièce en vers; voué aux entreprises précipitées, il était coutumier de ces tours de force : qu'on se rappelle LES FACHEUX, *conçus, faits, appris et représentés en quinze jours.*

Par quel caprice voulut-il essayer cette fois une nouvelle langue de théâtre, qui ne fût précisément ni prose ni vers, mais dont le rythme particulier l'acheminerait doucement au vers libre, triomphe récent de son ami La Fontaine?

Déjà Ménage remarquait que la prose du SICILIEN *était remplie de vers blancs de quatre, cinq et six pieds; il citait surtout le monologue d'Hali :*

Le ciel s'est habillé ce soir en Scaramouche.

Castil-Blaze ajoute avec raison que la pièce entière est remplie de vers de toute mesure, non pas semés çà et là, mais groupés par tirades où domine l'alexandrin, « *celui de tous nos vers dont le rythme est le plus sensible* ».

M. Louis Moland écrivait, il y a dix ans, qu' « *il serait facile de couper de la sorte la pièce presque tout entière* ».

Plus absolu, M. de Montaiglon vient de généraliser et aussi de matérialiser cette remarque : il prétend que toute la pièce est en vers libres non rimés, — ce qui est soutenable si l'on n'est pas trop à cheval sur les chinoiseries de la versification, et si l'on est sans préjugés contre l'hiatus. Le savant commentateur n'a pas changé un mot au texte de Molière : il s'est borné à en modifier la disposition typographique; mais il a imprimé LE SICILIEN *en vers dans une édition de Molière, ce qui est peut-être dépasser les droits de l'éditeur.*

Car, de deux choses l'une : ou Molière faisait des

vers, comme M. Jourdain fait de la prose, sans le savoir, et, dans ce cas, il fallait jeter un pieux manteau sur cette infirmité littéraire ; ou c'est de parti pris qu'il a semé de vers blancs sa prose déjà si pittoresque et si poétique, et, puisqu'il n'a pas cru devoir nous dire son secret en donnant aux éditions publiées de son vivant la disposition versifiée, cette « curiosité » devait être imprimée à part, à l'usage spécial des comédiens qui, dans ce travail visible, *peuvent plus facilement relever les vers à détacher et à souligner, marquant plus fortement le rythme de cette langue particulière, pleine d'ellipses et d'inversions :*

— Sotte condition que celle d'un esclave !
— Il faut que nuit et jour je n'aie aucun repos !
— Mais voici des flambeaux, et sans doute c'est lui.
— Je veux jusques au jour les faire ici chanter.
— Que diantre veux-tu dire avec ton beau bécarre ?
— Voici tout juste un lieu propre à servir de scène.
— Monsieur, je viens d'ouïr quelque bruit là-dedans.
— Mais tout cela ne part que d'un excès d'amour.
— La manière de France est bonne pour vos femmes.
— Je reçois cet honneur avec beaucoup de joie.
— Si votre pinceau flatte autant que votre langue...
— Laissons les compliments, et songeons au portrait.
— Pour moi, je vous demande un portrait qui soit moi.
— On ne se trompe guère à ces sortes de choses.
— Ah ! quand on aime bien, on se résout bientôt.
— Vous ne pouviez jamais tomber mieux que chez moi.
— Je n'ai garde sans lui de paraître à ses yeux.
— Dom Pèdre souffrira cette injure mortelle !
— Diantre soit le fâcheux, avecque son affaire !

Ces extraits sont des vers, aussi bien que cet admirable alexandrin perdu dans la prose du Don Juan :

La naissance n'est rien où la vertu n'est pas.

On peut citer encore, au début de la même pièce, l'aphorisme de Sganarelle :

Et qui vit sans tabac n'est pas digne de vivre.

— Ils me regardent tous, et se mettent à rire,

dit Harpagon dans son célèbre monologue; et Madame Jourdain :

Mettez-vous là, mon gendre, et dînez avec moi !

Notre prose courante est pleine de vers blancs, d'alexandrins isolés; les choses les plus vulgaires, grâce au nombre et à la césure, prennent aisément le ton héroïque : les Plaideurs, *de Racine, et le théâtre de Regnard en fournissent de nombreux exemples. Ne disait-on pas de l'avocat Patru qu'il était poète, puisqu'un de ses morceaux commençait ainsi :*

Sixième plaidoyer pour un jeune Allemand...?

On a lu ce beau vers au bas de toute invitation à une distribution de prix :

La rentrée est fixée au lundi 3 octobre.

Et, tout récemment, j'étais frappé de la noble allure de cet avis charitable, placardé sans malice aucune :

> Ne mettez pas vos mains dans le ventilateur :
> L'hélice en mouvement vous couperait les doigts.

Aussi, que font certains de nos poètes du jour, sous prétexte de naturel et de simplicité? Ils collectionnent soigneusement ces alexandrins spontanément éclos dans le langage de chaque jour, ils les accouplent deux à deux, par assonances de même genre, et font ainsi de la prose sans le savoir, de la prose rimée, mais de la prose. Sic itur ad astra !

> Si les raisons manquaient, je suis sûr qu'en tout cas
> Les exemples fameux ne me manqueraient pas.

Pour revenir au Sicilien *, je ne puis croire que Molière ait pensé faire des vers quand il a écrit :*

> — Et si elle y consent, il la prendra pour femme.
> — Tout ce qu'elle en a fait a été sans dessein.
> — Un traître de Français m'a joué une pièce.
> — La peste soit du fou, avec sa mascarade !

Au reste, aucun spectateur ne s'était avisé de trouver des vers dans la prose du Sicilien *; la pièce avait plu à la cour, c'est tout ce que demandait le chef de la troupe du roi, qui ne se pressa même pas de la soumettre au jugement de la ville.*

Le 10 février 1667, LE SICILIEN *avait pour la première fois pris place au* BALLET DES MUSES. *On le représenta encore deux ou trois fois à Saint-Germain, pour la dernière le samedi 19. Le carnaval avait pris fin.*

Le 20, la troupe de Molière rentre à Paris, et le théâtre du Palais-Royal rouvre le vendredi 25 par MARIANNE *et le* MÉDECIN MALGRÉ LUI. *Sept jours après, le 4 mars, première représentation d'*ATTILA, *accompagné, à partir du 20, du* MÉDECIN MALGRÉ LUI *ou de* L'AMOUR MÉDECIN, *jusqu'à la clôture annuelle (29 mars).*

Mlle Du Parc quitte le Palais-Royal pour passer à l'Hôtel de Bourgogne; Molière tombe malade. Le théâtre, fermé pendant un mois et demi, rouvre le 15 mai par ATTILA *et* LA VEUVE A LA MODE, *deux pièces dans lesquelles Molière ne joue pas : il paye en ce moment les doubles soirées d'Alceste et du fagotier, et le surmenage de l'hiver : il est au régime du lait. Après une nouvelle clôture de deux semaines, le théâtre rouvre le 10 juin par la première, à Paris, de* L'AMOUR PEINTRE, *et Molière, convalescent, fait sa rentrée dans le rôle du Sicilien dom Pèdre. Les autres rôles sont tenus, comme à Saint-Germain : Hali, par la Thorillière; Adraste, par La Grange; le Sénateur, par Du Croisy; Isidore, par Mlle de Brie; Zaïde, par Mlle Molière. Les deux actrices avaient reçu du roi, pour cette pièce, de* riches mantes dont elles se faisaient honneur. La Grange avait eu cent livres d'indemnité pour habiller le peintre par amour. Quant à Molière, son costume est ainsi décrit dans l'inventaire de 1673 : chausses et manteau de satin violet, avec une broderie d'or et argent, doublé de tabis vert; jupon de moire d'or à manches de toile d'argent, garni de broderies d'argent; bonnet de nuit, perruque et épée[1].

Représenté dix-sept fois en juin et juillet 1667, LE SICILIEN ne paraît plus avoir été donné que trois fois du vivant de Molière[2] : le 15 novembre 1669, accompagnant la première de POURCEAUGNAC; les 24 et 26 mai 1671, les deux premières de SCAPIN. Repris en 1679, il resta dès lors au répertoire, et fut représenté soixante-quatorze fois sous Louis XIV, quatre-vingt-dix sous Louis XV. On le donna pour la dernière fois à la cour le 17 mars 1778; deux ans plus tard, le 10 mars 1780, Versailles applaudissait encore un SICILIEN, mais « arrangé et mêlé

---

1. La Thorillière et Du Croisy étaient certainement costumés à l'avenant; en 1669, neuf cents livres étaient encore dues à Molière pour ses habits et ceux de sa troupe dans le *Ballet des Muses*.

2. Je dis : « ne *paraît* », parce que nous n'avons d'autres documents que le *Registre* de La Grange, qui a très souvent omis de mentionner la « petite pièce » formant l'appoint du spectacle. Il n'y a de vraiment complet dans son « Extrait » des grands Registres que le chiffre de la recette et celui de la part sociale.

d'ariettes » par un sieur Le Vasseur, avec musique de Dauvergne et ballets de Laval, maître des ballets de Sa Majesté.

Repris à la rue Richelieu le 30 mars 1838, avec suppression de la scène du Sénateur, LE SICILIEN de Molière n'eut alors que cinq représentations, malgré cette distribution de choix : Provost père, Monrose père, Mirecour; Mlles Plessy et Tilly.

Nouvelle reprise sous l'administration de M. Éd. Thierry, le 20 janvier 1861, avec MM. Talbot, Louis Monrose, Garraud; Mlles Ponsin et J. Bondois. M. Barré ne joua le Sénateur que le premier soir. Cette fois seulement, aussi, le ballet final des Maures fut remplacé par un banal pas de trois dansé par MM. Nathan, Morando et Génat, de l'Opéra. Cette reprise fournit treize représentations, toujours en lever de rideau : neuf en 1861, deux en 1862, une en 1863, une en 1864.

LE SICILIEN n'avait pas été donné à la Comédie-Française depuis le 3 mai de cette dernière année, c'est-à-dire depuis vingt-huit ans, lorsque M. J. Claretie le fit remonter pour le gala franco-russe du 19 mai 1892, donné à l'Opéra au bénéfice des Ambulances urbaines et des victimes de la disette en Russie, avec MM. Got, Truffier, Samary, Clerh; Mlles Muller et du Minil. La pièce fut transportée le 30 du même mois à la Comédie-Française, avec cette quadruple modification, nécessitée par le voyage à Vienne : M. de Féraudy succédant à M. Got dans dom Pèdre, M. Berr à M. Truffier dans Hali, Mlle Bertiny à Mlle Muller dans Isidore, et Mlle Ludwig à Mlle du Minil dans Zaïde. La pièce n'a eu, à l'heure actuelle, que quatre représentations, mais toujours avec la scène du Sénateur, qui est assurément l'une des plus comiques de l'ouvrage.

Pour cette reprise, la musique de Lulli [1] a été revue, adaptée et orchestrée par M. Camille Saint-Saëns. Les chanteurs étaient des élèves du Conservatoire : MM. Théry, Artus et Lefeuvre ; et les ballets, réglés par Mlle Fonta, exécutés par six danseuses de l'Opéra, Mlles Hayet, Mante, Mormans, Bossu, Boutouyrie et Barriau.

N'est-ce pas l'occasion de rappeler que la célèbre

---

1. La musique de Lulli, conservée par la copie de Philidor (Bibliothèque du Conservatoire), comprend trois intermèdes :

1º La sérénade, trio de bergers : Philène (Blondel), Tircis (Gaye), pâtre joyeux (Noblet) ;

2º L'air de l'esclave turc (Gaye), mêlé de danses : Le Prestre, Chicaneau, Mayeu et Pesant, danseurs ;

3º Le ballet des Maures (voir aux *Notes*).

En 1882, M. Eugène Sauzay a publié la partition de son *Sicilien*, que j'ai eu la bonne fortune d'entendre exécuter sous sa direction, chez Mme de Beaumont : M. Coquelin aîné lisait la pièce, et Mlle Fonta figurait les danses.

Taglioni débuta, en 1827, à l'Académie de musique, dans un SICILIEN, ballet d'Anatole Petit? Mais remontons plus haut : spectacle inoubliable que ces fêtes de Saint-Germain! A côté du grand roi lui-même, une « Mauresque de qualité » fut créée par Madame Henriette d'Angleterre, dont la danse était « surprenante », au témoignage de Cosnac, qui ajoute : « Elle n'était qu'esprit, et jusqu'aux pieds. »

GEORGES MONVAL.

ACTEURS

ADRASTE, gentilhomme françois, amant d'Isidore.
DOM PÈDRE, Sicilien, amant d'Isidore.
ISIDORE, Grecque, esclave de Dom Pèdre.
CLIMÈNE, sœur d'Adraste.
HALI, valet d'Adraste.
LE SÉNATEUR.
LES MUSICIENS.
TROUPE D'ESCLAVES.
TROUPE DE MAURES.
DEUX LAQUAIS.

LE SICILIEN

ou

L'AMOUR PEINTRE

SCÈNE PREMIÈRE

HALI, MUSICIENS.

Hali, *aux Musiciens.*

Chut!... N'avancez pas davantage, et demeurez dans cet endroit, jusqu'à ce que je vous appelle. Il fait noir comme dans un four; le ciel s'est habillé ce soir en Scaramouche, et je ne vois pas une étoile qui montre le bout de son nez. Sotte condition que celle d'un esclave, de ne vivre jamais pour soi et d'être toujours tout entier aux passions d'un maître, de n'être réglé que par ses humeurs, et de se voir réduit à faire ses propres affaires de tous les soucis qu'il peut prendre ! Le mien me fait ici épouser ses inquiétudes ; et, parce qu'il est amoureux, il faut que nuit et jour je n'aie aucun repos. Mais voici des flambeaux, et sans doute c'est lui.

SCÈNE II

ADRASTE et deux Laquais, HALI.

ADRASTE.

Est-ce toi, Hali?

HALI.

Et qui pourroit-ce être que moi ? A ces heures de nuit, hors vous et moi, Monsieur, je ne crois pas que personne s'avise de courir maintenant les rues.

ADRASTE.

Aussi ne crois-je pas qu'on puisse voir personne qui sente dans son cœur la peine que je sens : car enfin ce n'est rien d'avoir à combattre l'indifférence ou les rigueurs d'une beauté qu'on aime ; on a toujours au moins le plaisir de la plainte et la liberté des soupirs. Mais ne pouvoir trouver aucune occasion de parler à ce qu'on adore, ne pouvoir savoir d'une belle si l'amour qu'inspirent ses yeux est pour lui plaire ou lui déplaire, c'est la plus fâcheuse, à mon gré, de toutes les inquiétudes; et c'est où me réduit l'incommode jaloux qui veille avec tant de souci sur ma charmante Grecque, et ne fait pas un pas sans la traîner à ses côtés.

HALI.

Mais il est, en amour, plusieurs façons de se parler; et il me semble, à moi, que vos yeux et les siens, depuis près de deux mois, se sont dit bien des choses.

ADRASTE.

Il est vrai qu'elle et moi souvent nous nous sommes parlé des yeux; mais comment reconnoître que chacun de notre côté nous ayons comme il faut expliqué ce langage? Et que sais-je, après tout, si elle entend bien tout ce que mes regards lui disent, et si les siens me disent ce que je crois parfois entendre?

HALI.

Il faut chercher quelque moyen de se parler d'autre manière.

ADRASTE.

As-tu là tes musiciens?

HALI.

Oui.

ADRASTE.

Fais-les approcher. Je veux jusques au jour les

faire ici chanter, et voir si leur musique n'obligera point cette belle à paroître à quelque fenêtre.

HALI.

Les voici. Que chanteront-ils?

ADRASTE.

Ce qu'ils jugeront de meilleur.

HALI.

Il faut qu'ils chantent un trio qu'ils me chantèrent l'autre jour.

ADRASTE.

Non, ce n'est pas ce qu'il me faut.

HALI.

Ah ! Monsieur, c'est du beau bécarre.

ADRASTE.

Que diantre veux-tu dire avec ton beau bécarre?

HALI.

Monsieur, je tiens pour le bécarre : vous savez que je m'y connois. Le bécarre me charme ; hors du bécarre, point de salut en harmonie. Écoutez un peu ce trio.

ADRASTE.

Non, je veux quelque chose de tendre et de passionné, quelque chose qui m'entretienne dans une douce rêverie.

HALI.

Je vois bien que vous êtes pour le bémol ; mais il y a moyen de nous contenter l'un et l'autre. Il faut qu'ils vous chantent une certaine scène d'une petite comédie que je leur ai vu essayer. Ce sont deux bergers amoureux, tous remplis de langueur, qui, sur bémol, viennent séparément faire leurs plaintes dans un bois, puis se découvrent l'un à l'autre la cruauté de leurs maîtresses ; et là-dessus vient un berger joyeux, avec un bécarre admirable, qui se moque de leur foiblesse.

ADRASTE.

J'y consens. Voyons ce que c'est.

HALI.

Voici, tout juste, un lieu propre à servir de scène, et voilà deux flambeaux pour éclairer la comédie.

ADRASTE.

Place-toi contre ce logis, afin qu'au moindre bruit que l'on fera dedans je fasse cacher les lumières.

SCÈNE III

Chantée par trois musiciens.

PREMIER MUSICIEN.

Si du triste récit de mon inquiétude
Je trouble le repos de votre solitude,
 Rochers, ne soyez point fâchés.
Quand vous saurez l'excès de mes peines secrètes,
 Tout rochers que vous êtes,
 Vous en serez touchés.

Second Musicien.

Les oiseaux réjouis, dès que le jour s'avance,
Recommencent leurs chants dans ces vastes forêts,
Et moi, j'y recommence
Mes soupirs languissants et mes tristes regrets.
Ah! mon cher Philène!

Premier Musicien.

Ah! mon cher Tircis!

Second Musicien.

Que je sens de peine!

Premier Musicien.

Que j'ai de soucis!

Second Musicien.

Toujours sourde à mes vœux est l'ingrate Climène.

Premier Musicien.

Cloris n'a point pour moi de regards adoucis.

Tous deux.

O loi trop inhumaine!
Amour, si tu ne peux les contraindre d'aimer,
Pourquoi leur laisses-tu le pouvoir de charmer?

Troisième Musicien.

Pauvres amants, quelle erreur
D'adorer des inhumaines!
Jamais les âmes bien saines
Ne se payent de rigueur;
Et les faveurs sont les chaînes
Qui doivent lier un cœur.

On voit cent belles ici
Auprès de qui je m'empresse;

SCÈNE III

A leur vouer ma tendresse
Je mets mon plus doux souci.
Mais, lorsque l'on est tigresse,
Ma foi, je suis tigre aussi.

PREMIER ET SECOND MUSICIENS.

Heureux, hélas! qui peut aimer ainsi!

HALI.

Monsieur, je viens d'ouïr quelque bruit au dedans.

ADRASTE.

Qu'on se retire vite, et qu'on éteigne les flambeaux.

SCÈNE IV

DOM PÈDRE, ADRASTE, HALI.

DOM PÈDRE, *sortant en bonnet de nuit et robe de chambre, avec une épée sous son bras.*

Il y a quelque temps que j'entends chanter à ma porte, et sans doute cela ne se fait pas pour rien. Il faut que, dans l'obscurité, je tâche à découvrir quelles gens ce peuvent être.

ADRASTE.

Hali?

HALI.

Quoi?

ADRASTE.

N'entends-tu plus rien?

HALI.

Non.

(*Dom Pèdre est derrière eux qui les écoute.*)

ADRASTE.

Quoi! tous nos efforts ne pourront obtenir que je parle un moment à cette aimable Grecque? et ce jaloux maudit, ce traître de Sicilien, me fermera toujours tout accès auprès d'elle?

HALI.

Je voudrois de bon cœur que le diable l'eût emporté, pour la fatigue qu'il nous donne, le fâcheux, le bourreau qu'il est! Ah! si nous le tenions ici, que je prendrois de joie à venger sur son dos tous les pas inutiles que sa jalousie nous fait faire!

ADRASTE.

Si faut-il bien pourtant trouver quelque moyen, quelque invention, quelque ruse, pour attraper notre brutal; j'y suis trop engagé pour en avoir le démenti, et, quand j'y devrois employer...

HALI.

Monsieur, je ne sais pas ce que cela veut dire, mais la porte est ouverte, et, si vous le voulez, j'entrerai doucement, pour découvrir d'où cela vient.

(Dom Pèdre se retire sur sa porte.)

ADRASTE.

Oui, fais, mais sans faire de bruit. Je ne m'éloigne pas de toi. Plût au Ciel que ce fût la charmante Isidore !

DOM PÈDRE, *lui donnant sur la joue.*

Qui va là?

HALI, *lui en faisant de même.*

Ami.

DOM PÈDRE.

Holà ! Francisque, Dominique, Simon, Martin, Pierre, Thomas, Georges, Charles, Barthélemy ! allons, promptement, mon épée, ma rondache, ma hallebarde, mes pistolets, mes mousquetons, mes fusils ! Vite, dépêchez ! Allons, tue, point de quartier.

SCÈNE V

ADRASTE, HALI.

ADRASTE.

Je n'entends remuer personne. Hali ! Hali !

HALI, *caché dans un coin.*

Monsieur.

ADRASTE.

Où donc te caches-tu?

HALI.

Ces gens sont-ils sortis?

ADRASTE.

Non, personne ne bouge.

HALI, *en sortant d'où il étoit caché.*

S'ils viennent, ils seront frottés.

ADRASTE.

Quoi! tous nos soins seront donc inutiles, et toujours ce fâcheux jaloux se moquera de nos desseins?

HALI.

Non, le courroux du point d'honneur me prend; il ne sera pas dit qu'on triomphe de mon adresse; ma qualité de fourbe s'indigne de tous ces obstacles, et je prétends faire éclater les talents que j'ai eus du Ciel.

ADRASTE.

Je voudrois seulement que, par quelque moyen, par un billet, par quelque bouche, elle fût avertie des sentiments qu'on a pour elle, et savoir les siens là-dessus. Après, on peut trouver facilement les moyens...

HALI.

Laissez-moi faire seulement; j'en essaierai tant de toutes les manières que quelque chose enfin nous pourra réussir. Allons, le jour paroît; je vais chercher mes gens, et venir attendre en ce lieu que notre jaloux sorte.

SCÈNE VI
DOM PÈDRE, ISIDORE.

ISIDORE.

Je ne sais pas quel plaisir vous prenez à me réveiller si matin. Cela s'ajuste assez mal, ce me semble, au dessein que vous avez pris de me faire peindre aujourd'hui ; et ce n'est guère pour avoir le teint frais et les yeux brillants que se lever ainsi dès la pointe du jour.

DOM PÈDRE.

J'ai une affaire qui m'oblige à sortir à l'heure qu'il est.

ISIDORE.

Mais l'affaire que vous avez eût bien pu se passer, je crois, de ma présence ; et vous pouviez, sans vous incommoder, me laisser goûter les douceurs du sommeil du matin.

DOM PÈDRE.

Oui ; mais je suis bien aise de vous voir toujours avec moi. Il n'est pas mal de s'assurer un peu contre les soins des surveillants ; et cette nuit encore on est venu chanter sous nos fenêtres.

Isidore.

Il est vrai, la musique en étoit admirable.

Dom Pèdre.

C'étoit pour vous que cela se faisoit?

Isidore.

Je le veux croire ainsi, puisque vous me le dites.

Dom Pèdre.

Vous savez qui étoit celui qui donnoit cette sérénade?

Isidore.

Non pas; mais, qui que ce puisse être, je lui suis obligée.

Dom Pèdre.

Obligée!

Isidore.

Sans doute, puisqu'il cherche à me divertir.

Dom Pèdre.

Vous trouvez donc bon qu'on vous aime?

Isidore.

Fort bon : cela n'est jamais qu'obligeant.

Dom Pèdre.

Et vous voulez du bien à tous ceux qui prennent ce soin?

Isidore.

Assurément.

Dom Pèdre.

C'est dire fort net ses pensées.

ISIDORE.

A quoi bon de dissimuler? Quelque mine qu'on fasse, on est toujours bien aise d'être aimée : ces hommages à nos appas ne sont jamais pour nous déplaire. Quoi qu'on en puisse dire, la grande ambition des femmes est, croyez-moi, d'inspirer de l'amour. Tous les soins qu'elles prennent ne sont que pour cela, et l'on n'en voit point de si fière qui ne s'applaudisse en son cœur des conquêtes que font ses yeux.

Dom Pèdre.

Mais, si vous prenez, vous, du plaisir à vous voir aimée, savez-vous bien, moi qui vous aime, que je n'y en prends nullement?

Isidore.

Je ne sais pas pourquoi cela; et, si j'aimois quelqu'un, je n'aurois point de plus grand plaisir que de le voir aimé de tout le monde. Y a-t-il rien qui marque davantage la beauté du choix que l'on fait? et n'est-ce pas pour s'applaudir que ce que nous aimons soit trouvé fort aimable?

Dom Pèdre.

Chacun aime à sa guise, et ce n'est pas là ma méthode. Je serai fort ravi qu'on ne vous trouve point si belle, et vous m'obligerez de n'affecter point tant de la paroître à d'autres yeux.

Isidore.

Quoi! jaloux de ces choses-là?

DOM PÈDRE.

Oui, jaloux de ces choses-là, mais jaloux comme un tigre, et, si vous voulez, comme un diable. Mon amour vous veut toute à moi; sa délicatesse s'offense d'un souris, d'un regard qu'on vous peut arracher; et tous les soins qu'on me voit prendre ne sont que pour fermer tout accès aux galants et m'assurer la possession d'un cœur dont je ne puis souffrir qu'on me vole la moindre chose.

ISIDORE.

Certes, voulez-vous que je dise? vous prenez un mauvais parti; et la possession d'un cœur est fort mal assurée lorsqu'on prétend le retenir par force. Pour moi, je vous l'avoue, si j'étois galant d'une femme qui fût au pouvoir de quelqu'un, je mettrois toute mon étude à rendre ce quelqu'un jaloux, et l'obliger à veiller nuit et jour celle que je voudrois gagner. C'est un admirable moyen d'avancer ses affaires, et l'on ne tarde guère à profiter du chagrin et de la colère que donne à l'esprit d'une femme la contrainte et la servitude.

DOM PÈDRE.

Si bien donc que, si quelqu'un vous en contoit, il vous trouveroit disposée à recevoir ses vœux?

ISIDORE.

Je ne vous dis rien là-dessus; mais les femmes enfin n'aiment pas qu'on les gêne, et c'est beaucoup risquer que de leur montrer des soupçons et de les tenir renfermées.

Dom Pèdre.

Vous reconnoissez peu ce que vous me devez; et il me semble qu'une esclave que l'on a affranchie, et dont on veut faire sa femme...

Isidore.

Quelle obligation vous ai-je, si vous changez mon esclavage en un autre beaucoup plus rude? si vous ne me laissez jouir d'aucune liberté, et me fatiguez, comme on voit, d'une garde continuelle?

Dom Pèdre.

Mais tout cela ne part que d'un excès d'amour.

Isidore.

Si c'est votre façon d'aimer, je vous prie de me haïr.

Dom Pèdre.

Vous êtes aujourd'hui dans une humeur désobligeante, et je pardonne ces paroles au chagrin où vous pouvez être de vous être levée matin.

Le Sicilien.

SCÈNE VII

DOM PÈDRE, HALI, ISIDORE.

(*Hali faisant plusieurs révérences à Dom Pèdre.*)

Dom Pèdre.
Trêve aux cérémonies. Que voulez-vous ?
Hali.
(*Il se tourne devers Isidore à chaque parole qu'il dit à Dom Pèdre, et lui fait des signes pour lui faire connoître le dessein de son maître.*)

Signor (avec la permission de la Signore), je vous dirai (avec la permission de la Signore) que je viens vous trouver (avec la permission de la Signore) pour vous prier (avec la permission de la Signore) de vouloir bien (avec la permission de la Signore)...

Dom Pèdre.
Avec la permission de la Signore, passez un peu de ce côté.
Hali.
Signor, je suis un virtuose.
Dom Pèdre.
Je n'ai rien à donner.
Hali.
Ce n'est pas ce que je demande. Mais, comme

je me mêle un peu de musique et de danse, j'ai instruit quelques esclaves qui voudroient bien trouver un maître qui se plût à ces choses; et, comme je sais que vous êtes une personne considérable, je voudrois vous prier de les voir et de les entendre, pour les acheter, s'ils vous plaisent, ou pour leur enseigner quelqu'un de vos amis qui voulût s'en accommoder.

ISIDORE.

C'est une chose à voir, et cela nous divertira. Faites-les nous venir.

HALI.

Chala bala... Voici une chanson nouvelle, qui est du temps. Écoutez bien. Chala bala.

SCÈNE VIII

HALI et quatre Esclaves, ISIDORE, DOM PÈDRE.

(Hali chante dans cette scène, et les esclaves dansent dans les intervalles de son chant.)

HALI *chante.*

D'un cœur ardent, en tous lieux,
Un amant suit une belle;
Mais d'un jaloux odieux
La vigilance éternelle
Fait qu'il ne peut que des yeux

S'entretenir avec elle.
Est-il peine plus cruelle
Pour un cœur bien amoureux ?

Chiribirida ouch alla !
 Star bon Turca,
Non aver danara.
Ti voler comprara?
 Mi servir a ti,
 Se pagar per mi :
Far bona coucina,
Mi levar matina,
Far boller caldara.
Parlara, parlara :
Ti voler comprara?

C'est un supplice, à tous coups,
Sous qui cet amant expire;
Mais, si d'un œil un peu doux
La belle voit son martyre
Et consent qu'aux yeux de tous
Pour ses attraits il soupire,
Il pourroit bientôt se rire
De tous les soins du jaloux.

Chiribirida ouch alla !
 Star bon Turca,
Non aver danara.
Ti voler comprara
 Mi servir a ti,
 Se pagar per mi :
Far bona coucina,
Mi levar matina,
Far boller caldara.
Parlara, parlara :
Ti voler comprara?

SCÈNE VIII

DOM PÈDRE.

Savez-vous, mes drôles,
Que cette chanson
Sent pour vos épaules
Les coups de bâton ?

Chiribirida ouch alla !
   Mi ti non comprara,
   Ma ti bastonara,
   Si ti non andara,
   Andara, andara,
   O ti bastonnara.

Oh ! oh ! quels égrillards ! Allons, rentrons ici ; j'ai changé de pensée, et puis le temps se couvre un peu. (*A Hali qui paroît encore là.*) Ah ! fourbe, que je vous y trouve !

HALI.

Hé bien ! oui, mon maître l'adore ; il n'a point de plus grand désir que de lui montrer son amour ; et, si elle y consent, il la prendra pour femme.

DOM PÈDRE.

Oui, oui, je la lui garde.

HALI.

Nous l'aurons malgré vous.

DOM PÈDRE.

Comment ! coquin...

HALI.

Nous l'aurons, dis-je, en dépit de vos dents.

Dom Pèdre.

Si je prends...

Hali.

Vous avez beau faire la garde : j'en ai juré, elle sera à nous.

Dom Pèdre.

Laisse-moi faire, je t'attraperai sans courir.

Hali.

C'est nous qui vous attraperons. Elle sera notre femme, la chose est résolue; il faut que j'y périsse, ou que j'en vienne à bout.

SCÈNE IX

ADRASTE, HALI.

Hali.

Monsieur, j'ai déjà fait quelque petite tentative; mais je...

Adraste.

Ne te mets point en peine, j'ai trouvé par hasard tout ce que je voulois, et je vais jouir du bonheur de voir chez elle cette belle. Je me suis rencontré chez le peintre Damon, qui m'a dit qu'aujourd'hui il venoit faire le portrait de cette adorable personne; et, comme il est depuis longtemps de mes plus intimes amis, il a voulu servir mes feux, et m'envoie à sa place avec un petit mot de lettre pour me faire accepter. Tu sais que de tout temps je me suis plu à la peinture, et que parfois je manie le pinceau, contre la coutume de France, qui ne veut pas qu'un gentilhomme sache rien faire : ainsi j'aurai la liberté de voir cette belle à mon aise. Mais je ne doute pas que mon jaloux fâcheux ne soit toujours présent, et n'empêche tous les propos que nous pourrions avoir ensemble; et, pour te dire vrai, j'ai, par le moyen d'une jeune esclave, un stratagème pour tirer cette belle Grecque des mains de son jaloux, si je puis obtenir d'elle qu'elle y consente.

HALI

Laissez-moi faire, je veux vous faire un peu de jour à la pouvoir entretenir. Il ne sera pas dit que je ne serve de rien dans cette affaire-là. Quand allez-vous?

ADRASTE.

Tout de ce pas, et j'ai déjà préparé toutes choses.

HALI.

Je vais, de mon côté, me préparer aussi.

ADRASTE.

Je ne veux point perdre de temps. Holà! il me tarde que je ne goûte le plaisir de la voir.

SCÈNE X

DOM PÈDRE, ADRASTE.

Dom Pèdre.

Que cherchez-vous, cavalier, dans cette maison ?

Adraste.

J'y cherche le seigneur Dom Pèdre.

Dom Pèdre.

Vous l'avez devant vous.

Adraste.

Il prendra, s'il lui plaît, la peine de lire cette lettre.

Dom Pèdre *lit.*

Je vous envoie, au lieu de moi, pour le portrait que vous savez, ce gentilhomme françois, qui, comme curieux d'obliger les honnêtes gens, a bien voulu prendre ce soin, sur la proposition que je lui en ai faite. Il est sans contredit le premier homme du monde pour ces sortes d'ouvrages, et j'ai cru que je ne vous pouvois rendre un service plus agréable que de vous l'envoyer, dans le dessein que vous avez d'avoir un portrait achevé de la personne que vous aimez. Gardez-vous bien surtout de lui parler d'aucune récompense, car c'est un homme qui s'en offenseroit, et qui ne fait les choses que pour la gloire et pour la réputation.

Dom Pèdre, *parlant au François.*

Seigneur François, c'est une grande grâce que vous me voulez faire, et je vous suis fort obligé.

ADRASTE.

Toute mon ambition est de rendre service aux gens de nom et de mérite.

DOM PÈDRE.

Je vais faire venir la personne dont il s'agit.

SCÈNE XI

ISIDORE, DOM PÈDRE, ADRASTE
ET DEUX LAQUAIS.

DOM PÈDRE.

Voici un gentilhomme que Damon nous envoie, qui se veut bien donner la peine de vous peindre. (*Adraste baise Isidore en la saluant, et Dom Pèdre lui dit :*) Holà ! Seigneur François, cette façon de saluer n'est point d'usage en ce pays.

ADRASTE.

C'est la manière de France.

DOM PÈDRE.

La manière de France est bonne pour vos femmes; mais pour les nôtres elle est un peu trop familière.

ISIDORE.

Je reçois cet honneur avec beaucoup de joie. L'aventure me surprend fort, et, pour dire le vrai, je ne m'attendois pas d'avoir un peintre si illustre.

ADRASTE.

Il n'y a personne, sans doute, qui ne tînt à beaucoup de gloire de toucher à un tel ouvrage. Je n'ai pas grande habileté; mais le sujet ici ne fournit que trop de lui-même, et il y a moyen de faire quelque chose de beau sur un original fait comme celui-là.

ISIDORE.

L'original est peu de chose, mais l'adresse du peintre en saura couvrir les défauts.

ADRASTE.

Le peintre n'y en voit aucun, et tout ce qu'il souhaite est d'en pouvoir représenter les grâces aux yeux de tout le monde aussi grandes qu'il les peut voir.

ISIDORE.

Si votre pinceau flatte autant que votre langue, vous allez me faire un portrait qui ne me ressemblera pas.

ADRASTE.

Le Ciel, qui fit l'original, nous ôte le moyen d'en faire un portrait qui puisse flatter.

ISIDORE.

Le Ciel, quoi que vous en disiez, ne...

DOM PÈDRE.

Finissons cela, de grâce; laissons les compliments, et songeons au portrait.

SCÈNE XI

ADRASTE.

Allons, apportez tout.

(*On apporte tout ce qu'il faut pour peindre Isidore.*)

ISIDORE.

Où voulez-vous que je me place?

ADRASTE.

Ici. Voici le lieu le plus avantageux, et qui reçoit le mieux les vues favorables de la lumière que nous cherchons.

ISIDORE.

Suis-je bien ainsi?

ADRASTE.

Oui. Levez-vous un peu, s'il vous plaît; un peu plus de ce côté-là; le corps tourné ainsi; la tête un peu plus levée, afin que la beauté du cou paroisse. Ceci un peu plus découvert. (*Il parle de sa gorge.*) Bon. Là, un peu davantage; encore tant soit peu.

DOM PÈDRE.

Il y a bien de la peine à vous mettre : ne sauriez-vous vous tenir comme il faut?

ISIDORE.

Ce sont ici des choses toutes neuves pour moi, et c'est à Monsieur à me mettre de la façon qu'il veut.

ADRASTE.

Voilà qui va le mieux du monde, et vous vous

tenez à merveille. (*La faisant tourner un peu devers lui.*) Comme cela, s'il vous plaît. Le tout dépend des attitudes qu'on donne aux personnes qu'on peint.

Dom Pèdre.

Fort bien.

Adraste.

Un peu plus de ce côté; vos yeux toujours tournés vers moi, je vous en prie; vos regards attachés aux miens.

Isidore.

Je ne suis pas comme ces femmes qui veulent, en se faisant peindre, des portraits qui ne sont point elles, et ne sont point satisfaites du peintre s'il ne les fait toujours plus belles que le jour. Il faudroit, pour les contenter, ne faire qu'un portrait pour toutes, car toutes demandent les mêmes choses : un teint tout de lis et de roses, un nez bien fait, une petite bouche et de grands yeux vifs, bien fendus, et surtout le visage pas plus gros que le poing, l'eussent-elles d'un pied de large. Pour moi, je vous demande un portrait qui soit moi, et qui n'oblige point à demander qui c'est.

Adraste.

Il seroit malaisé qu'on demandât cela du vôtre, et vous avez des traits à qui fort peu d'autres ressemblent. Qu'ils ont de douceurs et de charmes, et qu'on court de risque à les peindre!

Dom Pèdre.

Le nez me semble un peu trop gros.

Adraste.

J'ai lu, je ne sais où, qu'Apelle peignit autrefois une maîtresse d'Alexandre, et qu'il en devint, la peignant, si éperdument amoureux qu'il fut près d'en perdre la vie : de sorte qu'Alexandre, par générosité, lui céda l'objet de ses vœux. (*Il parle à Dom Pèdre.*) Je pourrois faire ici ce qu'Apelle fit autrefois ; mais vous ne feriez pas peut-être ce que fit Alexandre.

(*Dom Pèdre fait la grimace.*)

Isidore.

Tout cela sent la nation, et toujours messieurs les François ont un fonds de galanterie qui se répand partout.

Adraste.

On ne se trompe guère à ces sortes de choses, et vous avez l'esprit trop éclairé pour ne pas voir de quelle source partent les choses qu'on vous dit. Oui, quand Alexandre seroit ici, et que ce seroit votre amant, je ne pourrois m'empêcher de vous dire que je n'ai rien vu de si beau que ce que je vois maintenant, et que...

Dom Pèdre.

Seigneur François, vous ne devriez pas, ce me

semble, parler : cela vous détourne de votre ouvrage.

ADRASTE.

Ah! point du tout. J'ai toujours de coutume de parler quand je peins; et il est besoin, dans ces choses, d'un peu de conversation pour réveiller l'esprit et tenir les visages dans la gaieté nécessaire aux personnes que l'on veut peindre.

SCÈNE XII

HALI, *vêtu en Espagnol*, DOM PÈDRE, ADRASTE, ISIDORE.

Dom Pèdre.

Que veut cet homme-là? Et qui laisse monter les gens sans nous en venir avertir?

Hali.

J'entre ici librement; mais entre cavaliers telle liberté est permise. Seigneur, suis-je connu de vous?

Dom Pèdre.

Non, Seigneur.

Hali.

Je suis Dom Gilles d'Avalos, et l'histoire d'Espagne vous doit avoir instruit de son mérite.

SCÈNE XII

Dom Pèdre.

Souhaitez-vous quelque chose de moi?

Hali.

Oui, un conseil sur un fait d'honneur : je sais qu'en ces matières il est malaisé de trouver un cavalier plus consommé que vous. Mais je vous demande pour grâce que nous nous tirions à l'écart.

Dom Pèdre.

Nous voilà assez loin.

Adraste, *regardant Isidore.*

Elle a les yeux bleus.

Hali.

Seigneur, j'ai reçu un soufflet : vous savez ce qu'est un soufflet lorsqu'il se donne à main ouverte sur le beau milieu de la joue. J'ai ce soufflet fort sur le cœur, et je suis dans l'incertitude si, pour me venger de l'affront, je dois me battre avec mon homme, ou bien le faire assassiner.

Dom Pèdre.

Assassiner, c'est le plus court chemin. Quel est votre ennemi?

Hali.

Parlons bas, s'il vous plaît.

Adraste, *aux genoux d'Isidore, pendant que Dom Pèdre parle à Hali.*

Oui, charmante Isidore, mes regards vous le disent depuis plus de deux mois, et vous les avez entendus : je vous aime plus que tout ce que l'on peut aimer, et je n'ai point d'autre pensée, d'autre but, d'autre passion, que d'être à vous toute ma vie.

ISIDORE.

Je ne sais si vous dites vrai, mais vous persuadez.

ADRASTE.

Mais vous persuadé-je jusqu'à vous inspirer quelque peu de bonté pour moi?

ISIDORE.

Je ne crains que d'en trop avoir.

ADRASTE.

En aurez-vous assez pour consentir, belle Isidore, au dessein que je vous ai dit?

ISIDORE.

Je ne puis encore vous le dire.

ADRASTE.

Qu'attendez-vous pour cela?

ISIDORE.

A me résoudre.

ADRASTE.

Ah! quand on aime, on se résout bientôt.

ISIDORE.

Hé bien! allez, oui, j'y consens.

ADRASTE.

Mais consentez-vous, dites-moi, que ce soit dès ce moment même?

SCÈNE XII

ISIDORE.

Lorsqu'on est une fois résolu sur la chose, s'arrête-t-on sur le temps?

DOM PÈDRE, *à Hali.*

Voilà mon sentiment, et je vous baise les mains.

HALI.

Seigneur, quand vous aurez reçu quelque soufflet, je suis homme aussi de conseil, et je pourrai vous rendre la pareille.

DOM PÈDRE.

Je vous laisse aller sans vous reconduire; mais entre cavaliers cette liberté est permise.

ADRASTE.

Non, il n'est rien qui puisse effacer de mon cœur les tendres témoignages... (*Dom Pèdre apercevant Adraste qui parle de près à Isidore.*) Je regardois ce petit trou qu'elle a au côté du menton, et je croyois d'abord que ce fût une tache. Mais c'est assez pour aujourd'hui, nous finirons une autre fois. (*Parlant à Dom Pèdre.*) Non, ne regardez rien encore; faites serrer cela, je vous prie. (*A Isidore.*) Et vous, je vous conjure de ne vous relâcher point, et de garder un esprit gai pour le dessein que j'ai d'achever notre ouvrage.

ISIDORE.

Je conserverai pour cela toute la gaieté qu'il faut.

SCÈNE XIII

DOM PÈDRE, ISIDORE.

ISIDORE.

Qu'en dites-vous? Ce gentilhomme me paroît le plus civil du monde; et l'on doit demeurer d'accord que les François ont quelque chose en eux de poli, de galant, que n'ont point les autres nations.

DOM PÈDRE.

Oui, mais ils ont cela de mauvais qu'ils s'émancipent un peu trop, et s'attachent en étourdis à conter des fleurettes à tout ce qu'ils rencontrent.

ISIDORE.

C'est qu'ils savent qu'on plaît aux dames par ces choses.

DOM PÈDRE.

Oui; mais, s'ils plaisent aux dames, ils déplaisent fort aux messieurs; et l'on n'est point bien aise de voir, sur sa moustache, cajoler hardiment sa femme ou sa maîtresse.

ISIDORE.

Ce qu'ils en font n'est que par jeu.

SCÈNE XIV

CLIMÈNE, DOM PÈDRE, ISIDORE.

CLIMÈNE, *voilée*.

Ah! Seigneur cavalier, sauvez-moi, s'il vous plaît, des mains d'un mari furieux dont je suis poursuivie. Sa jalousie est incroyable, et passe dans ses mouvements tout ce qu'on peut imaginer. Il va jusques à vouloir que je sois toujours voilée; et, pour m'avoir trouvée le visage un peu découvert, il a mis l'épée à la main, et m'a réduite à me jeter chez vous, pour vous demander votre appui contre son injustice. Mais je le vois paroître. De grâce, Seigneur cavalier, sauvez-moi de sa fureur.

DOM PÈDRE.

Entrez là dedans avec elle, et n'appréhendez rien.

SCÈNE XV.

ADRASTE, DOM PÈDRE.

Dom Pèdre.

Hé quoi! Seigneur, c'est vous? Tant de jalousie pour un François? Je pensois qu'il n'y eût que nous qui en fussions capables.

Adraste.

Les François excellent toujours dans toutes les choses qu'ils font; et, quand nous nous mêlons d'être jaloux, nous le sommes vingt fois plus qu'un Sicilien. L'infâme croit avoir trouvé chez vous un assuré refuge; mais vous êtes trop raisonnable pour blâmer mon ressentiment. Laissez-moi, je vous prie, la traiter comme elle mérite.

Dom Pèdre.

Ah! de grâce, arrêtez: l'offense est trop petite pour un courroux si grand.

Adraste.

La grandeur d'une telle offense n'est pas dans l'importance des choses que l'on fait: elle est à transgresser les ordres qu'on nous donne; et, sur de pareilles matières, ce qui n'est qu'une bagatelle devient fort criminel lorsqu'il est défendu.

SCÈNE XV

Dom Pèdre.

De la façon qu'elle a parlé, tout ce qu'elle en a fait a été sans dessein; et je vous prie enfin de vous remettre bien ensemble.

Adraste.

Hé quoi! vous prenez son parti, vous qui êtes si délicat sur ces sortes de choses?

Dom Pèdre.

Oui, je prends son parti; et, si vous voulez m'obliger, vous oublierez votre colère, et vous vous réconcilierez tous deux. C'est une grâce que je vous demande, et je la recevrai comme un essai de l'amitié que je veux qui soit entre nous.

Adraste.

Il ne m'est pas permis, à ces conditions, de vous rien refuser; je ferai ce que vous voudrez.

SCÈNE XVI

CLIMÈNE, ADRASTE, DOM PÈDRE.

Dom Pèdre.

Holà! venez. Vous n'avez qu'à me suivre, et j'ai fait votre paix. Vous ne pouviez jamais mieux tomber que chez moi.

Climène.

Je vous suis obligée plus qu'on ne sauroit

croire ; mais je m'en vais prendre mon voile : je n'ai garde, sans lui, de paroître à ses yeux.

Dom Pèdre, *à Adraste.*

La voici qui s'en va venir; et son âme, je vous assure, a paru toute réjouie lorsque je lui ai dit que j'avois raccommodé tout.

SCÈNE XVII

ISIDORE sous le voile de Climène, ADRASTE, DOM PÈDRE.

Dom Pèdre.

Puisque vous m'avez bien voulu donner votre ressentiment, trouvez bon qu'en ce lieu je vous fasse toucher dans la main l'un de l'autre, et que tous deux je vous conjure de vivre, pour l'amour de moi, dans une parfaite union.

Adraste.

Oui, je vous le promets, que, pour l'amour de vous, je m'en vais avec elle vivre le mieux du monde.

Dom Pèdre.

Vous m'obligez sensiblement, et j'en garderai la mémoire.

Adraste.

Je vous donne ma parole, Seigneur Dom Pèdre,

qu'à votre considération je m'en vais la traiter du mieux qu'il me sera possible.

DOM PÈDRE.

C'est trop de grâce que vous me faites. (*Après qu'ils sont sortis.*) Il est bon de pacifier et d'adoucir toujours les choses. Holà ! Isidore, venez.

SCÈNE XVIII

CLIMÈNE, DOM PÈDRE.

DOM PÈDRE.

Comment ! que veut dire cela ?

CLIMÈNE, *sans voile.*

Ce que cela veut dire ? Qu'un jaloux est un monstre haï de tout le monde, et qu'il n'y a personne qui ne soit ravi de lui nuire, n'y eût-il point d'autre intérêt ; que toutes les serrures et les verrous du monde ne retiennent point les personnes, et que c'est le cœur qu'il faut arrêter par la douceur et par la complaisance ; qu'Isidore est entre les mains du cavalier qu'elle aime, et que vous êtes pris pour dupe.

DOM PÈDRE.

Dom Pèdre souffrira cette injure mortelle ! Non, non, j'ai trop de cœur, et je vais demander l'appui de la justice pour pousser le perfide à bout. C'est ici le logis d'un sénateur. Holà!

SCÈNE XIX

LE SÉNATEUR, DOM PÈDRE.

Le Sénateur.

Serviteur, Seigneur Dom Pèdre. Que vous venez à propos!

Dom Pèdre.

Je viens me plaindre à vous d'un affront qu'on m'a fait.

Le Sénateur.

J'ai fait une mascarade la plus belle du monde.

Dom Pèdre.

Un traître de François m'a joué une pièce.

Le Sénateur.

Vous n'avez, dans votre vie, jamais rien vu de si beau.

Dom Pèdre.

Il m'a enlevé une fille que j'avois affranchie.

Le Sénateur.

Ce sont gens vêtus en Maures qui dansent admirablement.

SCÈNE XIX

DOM PÈDRE.

Vous voyez si c'est une injure qui se doive souffrir.

LE SÉNATEUR.

Les habits merveilleux, et qui sont faits exprès.

DOM PÈDRE.

Je vous demande l'appui de la justice contre cette action.

LE SÉNATEUR.

Je veux que vous voyiez cela; on la va répéter pour en donner le divertissement au peuple.

DOM PÈDRE.

Comment! de quoi parlez-vous là?

LE SÉNATEUR.

Je parle de ma mascarade.

DOM PÈDRE.

Je vous parle de mon affaire.

LE SÉNATEUR.

Je ne veux point aujourd'hui d'autres affaires que de plaisir. Allons, Messieurs, venez; voyons si cela ira bien.

DOM PÈDRE.

La peste soit du fou, avec sa mascarade!

LE SÉNATEUR.

Diantre soit le fâcheux, avec son affaire!

SCÈNE DERNIÈRE

Plusieurs Maures font une danse entre eux, par où finit la comédie.

NOTES

P. 2. ACTEURS. *Climène, sœur d'Adraste.* Ce nom est remplacé, dans les éditions suivantes, par celui de *Zaïde, esclave*, que donne d'ailleurs le livret du *Ballet des Muses*.

3, l. 9. *Le ciel s'est habillé ce soir en Scaramouche.* On sait que ce personnage de la Comédie Italienne était habillé de noir de la tête aux pieds.

6, 13. *C'est du beau bécarre.* On appelle bécarre un signe accidentel qui, détruisant momentanément l'effet d'un dièse ou d'un bémol placé à la clef, remet la note dans son intonation naturelle. Il correspond ici à ton majeur, qui exprime l'énergie, la joie, la gaieté.

— 26. *Vous êtes pour le bémol.* Le bémol est un signe qui indique que la note devant laquelle il est placé doit être baissée d'un demi-ton. Il correspond ici à ton mineur, qui exprime la faiblesse, la mélancolie, la douleur.

11, 15. *Ma rondache.* Sorte de bouclier circulaire armé d'une pointe à son centre.

— 16. *Mes mousquetons.* Cf. 1er intermède du *Malade imaginaire* :

POLICHINELLE.

Champagne, Poitevin, Picard, Basque, Breton ! Donnez-moi mon mousqueton.

15, 2. *A quoi bon de dissimuler.* Cf. *Fâcheux* (III, IV) : A quoi bon *de* te cacher de moi?

18. Sc. VII. L'édition de 1682 indique qu'Hali est ici habillé en Turc.

— 20. *Signor, je suis un virtuose.* Castil-Blaze dit que Molière a le premier francisé le mot *virtuoso.* Treize ans après Molière, Mme de Sévigné, dans une lettre du 28 février 1680, dit que la Dauphine est « une virtuose ».

20, 5. *Star bon Turca.* Voici la traduction de ce couplet :

« Je suis bon Turc; je n'ai pas d'argent. Veux-tu m'acheter? Je te servirai si tu paies pour moi. Je fais bonne cuisine, je me lève matin, je fais bouillir la marmite. Parle, parle; veux-tu m'acheter? »

21, 7. *Mi ti non comprara.* « Je ne t'achèterai point, mais te bâtonnerai si tu ne t'en vas pas. Va-t'en, va-t'en, ou je te bâtonnerai. »

— 12. *Oh! oh! quels égrillards!* Synonyme d'éveillés, vifs, réjouis, alertes.

22, 4. *J'en ai juré.* Latinisme : *jurare de aliqua re* (Génin).

— 7. *Je t'attraperai sans courir.* Locution proverbiale.

— La sc. IX commence, dans l'édition de 1682, par cette entrée d'Adraste : « Hé bien, Hali, nos affaires s'avancent-elles? »

23, 11. *Un stratagème.* Var. de 1682 : un stratagème *prêt.*

— 16. *La pouvoir entretenir.* L'édition de 1682 indique ici qu' « Hali parle bas à l'oreille d'Adraste. »

24, 14. *Comme curieux.* En qualité de. C'est un latinisme : *utpote curiosus* (Génin).

28, 15. *Plus belles que le jour.* Var. de 1682 : plus belles *qu'elles ne sont.*

29, 7. *Une maîtresse d'Alexandre.* L'édition de 1682 ajoute : *d'une merveilleuse beauté.* Il s'agit ici de l'esclave Campaspe. L'anecdote, rapportée par Pline et Elien, a été souvent mise au théâtre, sous forme d'opéra, d'opéra-comique, de ballet, de pantomime. Voiron en a fait le sujet d'une comédie héroïque pour le Théâtre-Français (16 octobre 1786), et M. de La Ville de Mirmont a fait représenter *Alexandre et Apelles* sur le même théâtre, le 29 avril 1820.

Molière avait pu voir à Fontainebleau, dans la chambre d'Alexandre, l'épisode de Campaspe peint à fresque par Niccolo dell' Abbate.

30, 2. *Ce me semble, parler.* Var. de 1682 : *tant* parler.

31, 11. *Elle a les yeux bleus.* Var. de 1682 : j'observais de près la couleur de ses yeux.

— 20. *C'est le plus court chemin.* Var. de 1682 : *le plus sûr* et le plus court chemin.

32, 21. *Ah! quand on aime.* Var. de 1682 : quand on aime *bien.*

34, 19. *De voir, sur sa moustache.* Cf. *École des femmes,* acte IV, sc. 1 :

Afin qu'un jeune fou, dont elle s'amourache,
Me la vienne enlever jusque sur la moustache.

38, 11. *Vous m'avez bien voulu donner votre ressentiment.* Une note de l'édition Hachette remarque que c'est un latinisme : *condonare dolorem suum.* L'éditeur de 1734 a imprimé : *abandonner,* qui est plus facile à comprendre.

39, 15. *Toutes les serrures et les verroux du monde.* Cf. *École des maris,* acte I, sc. II :

Et les soins défiants, les verroux et les grilles
Ne font pas la vertu des femmes ni des filles :
C'est l'honneur qui les doit tenir dans le devoir,
Non la sévérité que nous leur faisons voir.

Ainsi s'exprimait, cinq ans avant *le Sicilien,* le sage Ariste, dont le frère Sganarelle n'est pas sans analogie avec le jaloux Dom Pèdre.

Isidore est elle-même une sœur d'Isabelle. Cette double lignée de tuteurs et de pupilles, de maîtres et d'esclaves, devait aboutir à Bartholo et à Rosine.

41, 7. *Je vous demande.* Var. de 1682 : je demande...

42, 2. *Plusieurs Maures.* Cette mascarade était composée de trois sortes de Maures :

1º *Maures et Mauresques de qualité :*

Le Roi, Monsieur le Grand (écuyer), le marquis de Villeroy, le marquis de Rassan.

Madame (Henriette d'Angleterre), Mlle de la Vallière, Mme de Rochefort, Mlle de Brancas.

2º *Maures nus :*

M. Coquet, M. de Souville, MM. Beauchamp, Nobleet, Chicaneau, la Pierre, Favier, Des-Airs Galand.

3º *Maures à capot* (petite cape ou manteau à capuchon) :
MM. la Marre, du Feu, Arnald, Vagnart, Bonard.

On retrouvera des Maures dans le second intermède du *Malade imaginaire* : « Ce sont des Égyptiens et Égyptiennes vêtus en Mores qui font des danses entremêlées de chansons. »

A PARIS

DES PRESSES DE D. JOUAUST

Rue de Lille, 7

M DCCC XCII

LES PIÈCES DE MOLIÈRE
PUBLIÉES SÉPARÉMENT
Avec Dessins de Louis Leloir, gravés par Champollion
NOTICES ET NOTES PAR AUG. VITU ET G. MONVAL

EN VENTE : L'Étourdi, 6 fr. — Dépit amoureux, 6 fr. — Les Précieuses ridicules, 4 fr. 50. — Sganarelle, ou le Cocu imaginaire, 4 fr. 50. — Dom Garcie de Navarre, 5 fr. 50. — L'École des Maris, 5 fr. — Les Fâcheux, 5 fr. — L'École des Femmes, 6 fr. — La Critique de l'École des Femmes, 5 fr. — L'Impromptu de Versailles, 4 fr. 50. — Le Mariage forcé, 5 fr. — La Princesse d'Élide, 5 fr. — Dom Juan, 6 fr. — L'Amour médecin, 5 fr. — Le Misanthrope, 6 fr. 50. — Le Médecin malgré lui, 5 fr. — Mélicerte, 4 fr. 50.

SOUS PRESSE : Amphitryon.

DANS LE MÊME FORMAT
PETITE BIBLIOTHÈQUE ARTISTIQUE
Comprenant plus de 100 volumes
Derniers ouvrages publiés :

CONTES DE LA FONTAINE, dessins d'ED. DE BEAUMONT, gravés par BOILVIN. 2 vol. . . . . 35 fr.
FABLES DE LA FONTAINE, dessins d'ÉMILE ADAN, gravés par LE RAT. 2 vol. . . . . 40 fr.
LETTRES PERSANES, de Montesquieu; dessins d'ED. DE BEAUMONT, gravés par BOILVIN. 2 vol. . . . . . . 30 fr.
FABLES DE FLORIAN, dessins d'ÉMILE ADAN, gravés par LE RAT. . . . . 20 fr.
WERTHER, de Gœthe, gravures de LALAUZE. . . 20 fr.
LES QUINZE JOYES DE MARIAGE, 21 gravures de LALAUZE imprimées dans le texte. . . . . 30 fr.
MES PRISONS, dess. de BRAMTOT, gr. par TOUSSAINT. 20 fr.
LES CAQUETS DE L'ACCOUCHÉE, 14 gravures de LALAUZE imprimées dans le texte. . . . . 25 fr.
LE VICAIRE DE WAKEFIELD, gravures de LALAUZE. 2 vol. . . . . 25 fr.
LA NOUVELLE HÉLOÏSE, gravures d'HÉDOUIN hors texte, gravures de LALAUZE dans le texte. 6 vol . . . . 45 fr.
MÉMOIRES DE MADAME DE STAAL, 9 gravures hors texte et 31 gravures dans le texte, par LALAUZE. 2 vol. 50 fr.